DANO SOCIAL: UM NOVO PARADIGMA DA RESPONSABILIDADE CIVIL

DANO SOCIAL: UM NOVO PARADIGMA DA RESPONSABILIDADE CIVIL

Nathália Menezes de Oliveira

Primeira edição, 2023

ISBN 9798378727384

Selo editorial: Independently published

Oliveira, Nathália Menezes de

Dano social: um novo paradigma da responsabilidade civil / Nathália Menezes de Oliveira – 1. ed. – São Paulo: Independently publiched, 2023

ISBN 9798378727384

Sumário

INTRODUÇÃO

Desde os tempos primórdios notou-se que a convivência social é permeada por conflitos causados pela convivência humana. Assim é que, até hoje, emerge como imprescindível ao tema o brocado do latim *"neminem laedere"*, extraído do Digesto de Justiniano (533 d.C), na parte elaborada por Ulpiano.

O tema, no entanto, não passou ileso da evolução social, aliada a evolução dogmática do Direito Civil, exatamente como não poderia deixar de ser. Nos últimos anos a teoria civilista da responsabilidade incorporou o movimento de constituicionalização e a força premente dos princípios.

Fato é que a responsabilidade civil, antes fundada na resistente separação entre responsabilidade contratual e responsabilidade civil aquiliana, passou por importante releitura. Diante da sociedade de consumo em massa e dos riscos sociais causados por atividades cada vez mais complexas, vieram à tona "novos danos" sujeitos à reparação pelo Direito Civil.

Entre esses "novos danos" está o dano social, aquele causado por condutas dolosas ou com culpa grave que sobrelevam comportamentos negativamente exemplares e que causam o rebaixamento da qualidade de vida da sociedade, atingindo indistintamente seus membros. Por este motivo é que despertam matriz indenizatória essencialmente punitiva e pedagógica apta a reparar esse dano de ordem difusa.

O presente trabalho tem como escopo justamente analisar o dano social, fruto da teoria do professor Antonio Junqueira de Azevedo, confrontando os requisitos clássicos da responsabilidade civil com aqueles exigidos por essa nova modalidade de dano indenizável, bem como adentrando nas polêmicas da tese e na aplicação ainda tímida pelos tribunais brasileiros.

No desempenho desse objetivo, cindiu-se o presente estudo em três faces: a primeira caracterizada por uma imersão na teoria clássica da responsabilidade civil, destacando seus fundamentos, princípios e requisitos caracterizadores; a segunda voltada à perquisição do dano social enquanto novo dano indenizável, esmiuçando-se a teoria do professor Junqueira; a derradeira parte trata da análise das decisões dos tribunais pátrios e as dificuldades existentes na efetiva aplicação da indenização por danos sociais.

Defende-se, ao final, a viabilidade da aplicação da teoria, evidentemente por tratar de tema compatível com o ordenamento jurídico e, sobretudo, por exigência prática diante da pulverização das relações sociais e importância dos danos que atingem o corpo social coletivamente. Conclui-se como importante constatação e alerta acerca da exigência de maturação da tese, com a valorização das discussões doutrinárias, para aperfeiçoar a teoria diante das dificuldades práticas de sua aplicação.

NOTAS INTRODUTÓRIAS SOBRE A RESPONSABILIDADE CIVIL

Antes de adentrar no tema específico deste trabalho, é essencial fazer uma breve retomada os contornos do instituto da reparação civil. Como será demonstrado do final do presente capítulo, o próprio estudo acerca da responsabilidade civil é extremamente rico e essencial para observar a evolução – social e dogmática - a esse respeito e como os "novos danos", notadamente o dano social, são inseridos nessa realidade.

CONCEITO DE RESPONSABILIDADE CIVIL

Trazer o conceito de responsabilidade é uma das tarefas mais árduas dos juristas, uma vez que o tema permeia não só a Ciência do Direito, mas também se liga aos demais domínios da vida social. Essa noção pode ser extraída da celebre lição de José de Aguiar Dias, de que "toda manifestação da atividade humana traz em si o problema da responsabilidade[1]".

---

[1] DIAS, José de Aguiar. **Da responsabilidade civil**, v. I, Rio de Janeiro: Forense, 1994, p. 1. *Apud* GAGLIANO, Pablo Stolze. Manual de direito civil: volume único. 6. ed. São Paulo: SaraivaJur, 2022. *[e-book]*

Em que pese fundamentos diversos, inclusive filosóficos e sociológicos, para o Direito, prevalece que a responsabilidade tem como alicerce último o princípio do *neminem laedere*, ou seja, fórmula genérica, de elaboração romana, que recomenda a todos a agir de forma a não lesar os direitos de outrem. É a proibição de ofender que justifica a ideia de responsabilidade, servindo como limite objetivo da liberdade individual nas sociedades.

Portanto, a responsabilidade é, juridicamente falando, o meio de concretização da própria Justiça através da imposição de uma obrigação de reparar àquele que tenha causado dano a outrem mediante à violação de determinado dever jurídico, seja específico, que da origem à responsabilidade contratual, ou inespecífico, que dá origem à responsabilidade civil ou aquiliana.

Nesse sentido, lecionam Pablo Stolze e Rodrigo Pamplona:

> Responsabilidade, para o Direito, nada mais é, portanto, que uma obrigação derivada — um dever jurídico sucessivo — de assumir as consequências jurídicas de um fato, consequências essas que podem variar (reparação dos danos e/ou punição pessoal do agente lesionante) de acordo com os interesses lesados.[2]

---

[2] GAGLIANO, Pablo Stolze. **Manual de direito civil: volume único.** 6. ed. São Paulo: SaraivaJur, 2022. *[e-book]*

Conclui-se, destarte, que a responsabilidade é a situação que cria o dever de indenizar o lesionado, decorrente do inadimplemento, ao menos culposo, de obrigação legal ou contratual, imposta por lei ou decorrente do risco para os direitos de outrem.

PRINCÍPIOS DA REPARAÇÃO CIVIL

Com o fortalecimento do neoconstitucionalismo, que teve como marco filosófico a teoria pós-positivista, marco histórico o fim da II Guerra Mundial e marco teórico a nova dogmática constitucional fundada na força normativa da Constituição, é certo que os princípios se alocaram em posição especial dentro da ciência do Direito, independentemente do ramo a ser estudado.

O movimento liberado por Ronald Dworkin e Robert Alexy, cada um a sua maneira, propôs a releitura e ressignificação da noção de norma, vendo-a como gênero do qual são espécies as regras e princípios. Houve verdadeira mudança de compreensão do próprio fenômeno jurídico.

Com o Direito Civil não foi diferente. A doutrina trata da questão sob o prisma da constitucionalização, da despatrimonialização e da repersonificação, que decorrem, em última análise, da aplicação direta dos direitos fundamentais nas relações privadas. Consoante ensinam Cristiano Chaves de Farias, Nelson Rosenvald e Felipe Braga Neto, houve uma viragem no foco: "Trata-se de postura metodológica e interpretativa que busca ver todas as elações civis sob o ângulo dos valores, princípios e regras da Constituição"[3].

O primeiro princípio a ser destacado – como não poderia deixar de ser – é o da dignidade da pessoa humana. No campo da responsabilidade civil, a dignidade tem prevalência singular e atende às funções protetiva e promocional. Na primeira, concebendo os seres humanos como fins em si mesmos, garante a todos o tratamento adequado demandado por essa condição: respeitável, não degradante e com preservação da integridade físico-psíquica. Quanto à função promocional, serve como instrumento de viabilização de condições de vida, ensejando a conquista da liberdade e de uma existência digna.

A partir do paradigma da dignidade da vida humana é que se abre espaço para os demais princípios e, também, para a avaliação de "novos danos"[4], como o social, objeto deste trabalho.

---

[3] FARIAS, Cristiano Chaves de. **Manual de direito civil – volume único**. 4 ed. rev, ampl. e atual. Salvador: JusPodivm, 2019. p. 117.
[4] *Ibid.*, p.889-890.

Ainda sob influência do movimento de constitucionalização, emerge o princípio da solidariedade social. A Constituição Federal elencou entre seus objetivos fundamentais a construção de uma sociedade livre, justa e solidária (artigo 3º, inciso I, da Constituição Federal[5]). A concretização dessa sociedade, evidentemente, passa pela busca de justiça distributiva e igualdade substancial, superando-se uma visão obtusa do Direito. A ideia central é a busca do bem-comum – não na ótica platônica-aristotélica, sim pela convivência adequada entre a esfera do coletivo e do comum.

Esse ponto é de todo relevante ao desenvolvimento do tema do dano social porque, com a troca da noção de responsabilidade pela de corresponsabilidade decorrente do princípio da solidariedade social, é possível – e aconselhável em algumas situações – a releitura do nexo de causalidade que caracteriza a obrigação de indenizar, passando a admiti-lo a partir de valores mais abertos, e permitindo, assim, a imputação de obrigações àquele que tenha, ao menos potencialmente, criado o risco de violação de algum dever jurídico genérico.

---

[5] BRASIL. **Constituição da República Federativa do Brasil de 1988**. Brasília, DF, 1988.

Por derradeiro, não é possível ignorar o conteúdo do princípio da reparação integral. Também de fundo constitucional (artigo 5º, inciso X, da Constituição Federal), o princípio foi expressamente materializado na ordem privada pelo artigo 944 do Código Civil[6]: "A indenização mede-se pela extensão do dano." Portanto, a dimensão do dano, não importando quem seja o ofendido ou o ofensor, é que determina a extensão da indenização. Inclusive, parte da doutrina acena à construção teórica de que tal artigo mitigaria o caráter punitivo da indenização, prevalecendo o caráter reparador.

Ao dar interpretação ao referido artigo, os participantes da V Jornada de Direito Civil, coordenada pelo ex-Ministro Ruy Rosado de Aguiar, em núcleo encabeçado pelo Ministro Paulo de Tarso Sanseverino, ambos integrantes do Superior Tribunal de Justiça, aprovaram o enunciado 456: "A expressão 'dano' no art. 944 abrange não só os danos individuais, materiais ou imateriais, mas também os danos sociais, difusos, coletivos e individuais homogêneos a serem reclamados pelos legitimados para propor ações coletivas"[7].

---

[6] BRASIL. **Lei 10.406, de 10 de janeiro de 2002**. Institui o Código Civil. Brasília, DF, 2002.

[7] BRASIL. Conselho da Justiça Federal. Enunciado 456. O art. 944, caput, do Código Civil não afasta a possibilidade de indenização a título de dano social. **V Jornada de Direito Civil**. Brasília: CJF, 2012. Disponível em https://www.cjf.jus.br/cjf/corregedoria-da-justica-federal/centro-de-estudos-judiciarios-1/publicacoes-1/jornadas-cej/vjornadadireitocivil2012.pdf. Acesso em 27. nov.2022.

Evidentemente os danos metaindividuais não podem ser desprezados pela dificuldade da quantificação e, por vezes, apuração de sua extensão. A reparação integral, seja *in natura* seja pelo equivalente em dinheiro, serve como norte para a imposição da devida sanção indenizatória.

EVOLUÇÃO HISTÓRICA E AS ESPÉCIES DE DANOS

Conforme adiantado, há uma dicotomia – hoje não mais tão florescente como antes – entre a responsabilidade civil delitiva ou aquiliana e a responsabilidade civil contratual, negocial ou obrigacional, dada a origem de cada uma: a primeira pelo descumprimento de um dever jurídico genérico e a segunda pelo descumprimento de regime específico.

Dentro da responsabilidade civil extracontratual, desde os séculos XIX e XX, houve uma intensa produção doutrinária com a redefinição de valores e reconstrução da dogmática civil. Essa mudança de paradigma – inclusive pelas leituras constitucionalizada, despatrimonializada e repersonificada – possibilitou, com o transpassar do tempo, o surgimento de "novas responsabilidades", como a digressão histórica a seguir feita demonstrará.

Embora a doutrina tradicionalmente separe o dano indenizável em patrimonial e em extrapatrimonial, o primeiro correspondente ao lucro cessante e o dano emergente e sujeito à indenização, já o segundo enquanto aquele que atinge os direitos da personalidade da vítima e sem cunho patrimonial e, portanto, compensável, nem sempre foi assim.

A princípio, o Código Criminal de 1830[8], por ser o primeiro diploma legal a tratar especificadamente sobre o tema, prevendo a reparação do dano ou sua indenização, com o acréscimo de juros, de forma solidária, inclusive transmissível aos herdeiros, "transformou-se em um código civil e criminal fundado nas sólidas bases da justiça e da equidade"[9]. À época, a reparação de qualquer dano que fosse demandava condenação criminal, revelando ausência de independência entre essas espécies de jurisdição.

A autonomia – não científica, que já existia em certa medida, mas no sentido de descolamento, ainda que parcial, das consequências jurídicas – veio, em terras brasileiras, com a edição do Código Civil de 1916[10], cujo texto foi desenvolvido primordialmente pelo jurista Clovis Beviláqua. O referido diploma legal serviu como precursor da reparabilidade civil.

---

[8] BRASIL. *Lei de 16 de dezembro de 1830*. Manda executar o Código Criminal. Império do Brazil, 1830.
[9] GONÇALVES, Carlos Roberto. **Direito civil brasileiro: volume 4 – responsabilidade civil**. 7 ed. São Paulo: Saraiva. *[e-book]*
[10] BRASIL. **Lei 3.071, de 1º de janeiro de 1916**. Código Civil dos Estados Unidos do Brasil. Rio de Janeiro, RJ, 1916.

Embora não incluísse expressamente a compensação por danos morais, havia dispositivos que permitiam essa modalidade de dano como ensejador de responsabilização: lesão corporal que acarretasse deformidade ou atingisse mulher capaz de casar-se (artigo 1538); casos de calúnia, injúria ou difamação (artigo 1547) e de ofensa à liberdade pessoal (artigo 1550).

O perfil patrimonialista da sociedade da época consagrou, assim, esparsas hipóteses de configuração de dano moral, notadamente aquelas que tivessem reflexos econômicos.

A jurisprudência consagrada na ocasião caminhava no mesmo sentido: não havia direito à indenização por dano moral "puro e simples". Os fundamentos eram desde a inexistência de previsão expressa até inexistência de caráter econômico para a quantificação[11].

Até os anos 60, no Brasil, a situação era a mesma. O Supremo Tribunal Federal era categórico: "Não é admissível que os sofrimentos morais deem lugar à reparação pecuniária, se deles não decorrem nenhum dano material"[12].

Pontes de Miranda era crítico da posição então endossada pela corrente majoritária da doutrina e da jurisprudência:

---

[11] PIRES, Fernanda Ivo. A responsabilidade civil na perspectiva constitucional: neminem laedere, um direito fundamental. *Revista FAPAD - **Revista da Faculdade Pan-Americana de Administração e Direito***, Curitiba (PR), v. 1, n. 2, p. e049, 2021. DOI: 10.37497/revistafapad.v1i2.49. Disponível em: https://periodicosfapad.emnuvens.com.br/gtp/article/view/49. Acesso em: 6 nov. 2022.

[12] BRASIL. Supremo Tribunal Federal. **Recurso Extraordinário 11.786/MG**. Recorrente: Iachua Cadus. Recorrido: Prefeitura Municipal de Ubá. Relatoria: Ministro Orozimbo Nonato. Relator para acordão: Ministro Hahnemann Guimarães. 07 de novembro de 1950. Disponível em http://redir.stf.jus.br/paginadorpub/paginador.jsp?docTP=AC&docID=116970. Acesso em 6.nov.2022.

Não compreendemos como se possa sustentar a absoluta irreparabilidade do dano moral. Nos próprios danos à propriedade, há elemento imaterial, que não se confunde com o valor material do dano. Que mal-entendida justiça é essa que dá valor ao dano imaterial ligado ao material e não dá ao dano imaterial sozinho? Além disso o mais vulgarizado fundamento para se não conceder a reparação do dano imaterial é o de que não seria completo o ressarcimento. Mas não é justo, como bem ponderava Josef Kohler, que nada se dê, somente por não se poder dar o exato. [13]

---

[13] Miranda, Pontes de. **Das obrigações por atos ilícitos**. Rio de Janeiro: Borsoi, 1927, p. 182. Apud FARIAS, Cristiano Chaves de. Manual de direito civil – volume único. 4 ed. rev, ampl. e atual. Salvador: JusPodivm, 2019. p .935.

Paulatinamente, a posição do Supremo Tribunal Federal foi se modificando. Aponta-se como o *leading case* representativo o julgamento do Recurso Extraordinário 85.127, ocasião em que os ministros superaram, ao menos em parte, a visão anterior. No caso, admitiu-se a existência de dano aos pais pelo falecimento de dois filhos menores em acidente causado por culpa de sociedade empresária do ramo de transportes. Como as crianças não trabalhavam, o dano indenizável não seria material. Todavia, a indenização foi arbitrada com base naquilo que os pais gastaram até o passamento dos filhos com sua criação e educação.[14]

A questão definidamente superada com a promulgação da Constituição Federal de 1988[15], que assegurou, entre os direitos fundamentais, a indenizabilidade dos danos morais (artigo 5º, incisos V e V, da Constituição Federal).

O conteúdo do dano moral ainda permanece incerto. Contudo, a sua exata conceituação não impediu que os estudos doutrinários evoluíssem e destacassem, dentro da noção de danos extrapatrimoniais, outras espécies.

---

[14] BRASIL. Supremo Tribunal Federal. **Recurso Extraorinário 85127/RJ**. Relatoria: Ministro Soares Muñoz, 03 abr. 1979. Disponível em: < http://redir.stf.jus.br/paginadorpub/paginador.jsp?docTP=AC&docID=179292>.
[15] BRASIL. **Constituição da República Federativa do Brasil de 1988**. Brasília, DF, 1988.

O primeiro a ganhar contornos foi o do dano estético, resultando, inclusive na edição da súmula 387 do Superior Tribunal de Justiça[16].

No plano coletivo, surgiu a noção de dano moral coletivo, ou seja, aquele que é resultado de ação ou omissão que atinge os direitos coletivos transindividuais (coletivos *stricto sensu* e difusos). Após período de certa resistência, hoje a jurisprudência já admite indenização pela violação à honra de grupos de pessoas, pela discriminação contra idosos, pelo tratamento inadequado a consumidores etc., notadamente com base na função inibitória da conduta lesiva.

Na esfera consumerista, há ainda a tese interessantíssima do desvio produtivo do consumidor, que, para parte da doutrina e especialmente para o seu desenvolvedor, Marcos Dessaune, configura modalidade autônoma de direito a ser indenizado[17].

Por derradeiro, a doutrina tem se debruçado ao dano social, espécie de dano patrimonial autônoma que é objeto desde trabalho e será esmiuçada em capítulo próprio.

---

[16] BRASIL. Superior Tribunal de Justiça. **Súmula 387**. É lícita a cumulação das indenizações de dano estético e dano moral. DJe 1º.9.2009, ed. 430. Disponível em https://ww2.stj.jus.br/docs_internet/revista/eletronica/stj-revista-sumulas-2013_35_capSumula387.pdf. Acesso em 6.nov.2022.

[17] DESSAUNE, Marcos. Teoria aprofundada do desvio produtivo do consumidor: um panorama. **Direito em Movimento**, Rio de Janeiro, v. 17 - n. 1, p. 15-31, 1º sem. 2019.Disponível em https://www.emerj.tjrj.jus.br/revistadireitoemovimento_online/edicoes/volume17_numero1/volume17_numero1_15.pdf. Acesso em: nov.2022.

REQUISITOS CARACTERIZADORES

Embora insipientes discussões, prevalece que a obrigação de indenizar demanda requisitos cumulativos que, a princípio, são extraídos da leitura atenta do artigo 927 do Código Civil: ato ilícito, dano, nexo de causalidade e elemento subjetivo animador corresponde, ao menos, à culpa.

O ato ilícito necessário para a responsabilização cível é o clássico ilícito subjetivo indenizatório, ou seja, a ação ou a omissão em contrariedade com o direito e com suficiente imputabilidade ao agente.

Como regra, é assim. Contudo, não é possível ignorar que, por vezes, de forma excepcional, atos lícitos são suficientes para ensejar a responsabilização civil. Tome-se por exemplos atos praticados em estado de necessidade, que, mesmo lícitos, geram o dever do causador do dano em indenizar quem sofreu prejuízos, conforme artigos 929 e 930 do Código Civil.

A respeito do segundo requisito performador – o dano -, é impossível a configuração de indenizabilidade sem que seja evidente: "não há responsabilidade civil sem dano"[18]. A ausência de dano equivale a própria ausência de pretensão, conforme assinala Carlo Roberto Gonçalves:

---

[18] FARIAS, op. cit., p. 927.

sem a prova do dano, ninguém pode ser responsabilizado civilmente. O dano pode ser material ou simplesmente moral, ou seja, sem repercussão na órbita financeira do ofendido. O Código Civil consigna um capítulo sobre a liquidação do dano, ou seja, sobre o modo de se apurarem os prejuízos e a indenização cabível. A inexistência de dano é óbice à pretensão de uma reparação, aliás, sem objeto.[19]

Acertadamente, o legislador brasileiro não conceituou o que é o dano. Diz-se acertadamente uma vez que o conteúdo do que pode ser considerado dano varia no tempo e no espaço, inclusive conforme adiantado em capítulo anterior. O que é considerado como dano hoje assim não o era antes e, também, não o será no futuro. A propósito, o dano social que aqui é estudado é um dos maiores exemplos desse fato.

---

[19] GONÇALVES, Carlos Roberto. **Direito civil brasileiro: responsabilidade civil**. 7. ed. São Paulo: Saraiva, 2012. p. 50-52.

Trata-se assim, de um conceito jurídico indeterminado, a ser preenchido segundo avaliação do caso concreto, cotejando o que a sociedade contemporânea considera para fins de proteção de bens jurídicos. Atende-se, desse modo, o postulado da operabilidade de Miguel Reale[20].

Entre a conduta do agente e o dano deve essencialmente ficar demonstrado um liame consequencial, o denominado nexo causal, terceiro requisito performador do dever de indenizar.

A doutrina, aqui representada na voz de Marcelo Benacchio, é unívoca em ponderar que esse é o elemento mais sensível para a configuração do dever de indenizar, uma vez que, antes de jurídico, o nexo causal tem inspiração na própria causalidade natural (relação de causa e efeito entre eventos):

---

[20] Segundo o próprio Miguel Reale, jurista que encabeçou o projeto de lei que constituiu o Código Civil atual, o princípio da operabilidade é a uma forma de "examinar a norma jurídica" diante de "divergência de caráter teórico sobre a natureza dessa norma ou sobre a convivência a ser enunciada de uma forma ou de outra" em busca de razoabilidade. (REALE, Miguel. **Visão geral do projeto de código civil**. Disponível em https://edisciplinas.usp.br/pluginfile.php/3464464/mod_resource/content/1/O%20no vo%20C%C3%B3digo%20Civil%20-%20Miguel%20Reale.pdf. Acesso em 27.nov.2022).

o nexo causal não é um conceito unicamente jurídico porquanto também decorre das leis naturais que devem ser analisadas e integradas com conceitos jurídicos de maneira a se estabelecer quais as consequências danosas que comportam ressarcimento pelo responsável indicado pelo ordenamento jurídico. A partir disso, conclui-se que a mera existência do dano não é suficiente para que se configure o dever de indenizar, se faz necessária a demonstração do nexo etiológico entre o fato que ocasionou a lesão e seu efeito [...][21]

De maneira simplificada, o nexo de causalidade é o substrato que liga determinada conduta a certo dano, de forma que sem a primeira o segundo não existiria. Como sistematiza Silvio Rodrigues:

[21] BENACCHIO, Marcelo. Algumas considerações acerca da relação de causalidade na responsabilidade civil. In: GUERRA, Alexandre Dartanhan de Mello (coord.) **Responsabilidade civil**. São Paulo: Escola Paulista da Magistratura, 2015. p. 211.

Para que surja a obrigação de reparar, mister se faz a prova de uma relação de causalidade entre a ação ou omissão culposa do agente e o dano experimentado pela vítima. Se a vítima experimentar um dano, mão não se evidenciar que este se resultou do comportamento ou da atitude do réu, o pedido de indenização formulador por aquela deverá ser julgado improcedente.[22]

Diante da dinamização das relações sociais, sobretudo diante dos "danos anônimos" da sociedade de massa[23], a ideia de demonstração do nexo de causalidade físico está sendo suplantada pela causalidade jurídica, ou seja, o liame entre o dano e o prejuízo é observável partir de um nexo normativo de imputação.

---

[22] RODRIGUES, Silvio. **Direito civil: responsabilidade civil**. v. 4. 19ª ed. São Paulo: Saraiva, 2002, p. 17.

[23] Dano anônimo é o "qualificado pela impossibilidade real da determinação do autor daquele, [não pela] mera falta de prova por negligência processual da vítima. Pelo contrário, o sujeito que sofre o dano deve esgotar a possibilidade de identificação do responsável até colocá-lo, no mínimo, dentro de um círculo reduzido de pessoas." DÍAZ, Julio Alberto. Responsabilidade Coletiva. Belo Horizonte: Del Rey, 1998. In: FERREIRA, Rogério Campos. **Indenização por dano moral: fixação do *quantum debeatur*.** Boletim Jurídico, Uberaba/MG, a. 2, nº 155. Disponível em https://www.boletimjuridico.com.br/artigos/direito-civil-responsabilidade-civil/937/indenizacao-dano-moral-fixacao-quantum-debeatur. Acesso em 20.nov.2022.

Nem sempre é fácil identificar o que pode ser considerado para causa de um dano. Na discussão sobre o tema, surgiram diferentes teorias – a da equivalência dos antecedentes causais, a da causalidade adequada e da causalidade direita e imediata. Todavia, não há segurança suficiente para indicar que qualquer delas foi adotada pelo Código Civil, que se calou a esse respeito.

Por derradeiro, importante ressaltar que a responsabilidade civil, em regra, é orientada pelo estado de ânimo do agente, ou seja, a responsabilidade civil demanda, ao menos, culpa, configurando-se subjetivamente. Essa inteligência deriva da leitura em conjunto dos artigos 186 e 927 do Código Civil, segundo quais aquele que causar dano a outrem por "negligência ou imprudência", ou seja, modalidades de conduta culposa, comete ato ilícito e, portanto, deve repará-lo.

A responsabilidade civil subjetiva, cujas origens remontam ao Código Civil Napoleônico de 1804 e às justificativas filosóficas decorrentes do Iluminismo, com a convulsão social do final do século XIX e início do século XX causada pela agressiva evolução tecnológica, deixou de ser satisfatória e suficiente diante da dinamização das relações sociais. Não eram raras as situações em que havia dano, nexo causal e conduta causadora, mas não culpa do agente – que, por vezes, sequer podia ser identificado.[24]

---

[24] FACCHINI NETO, Eugênio. Da responsabilidade civil no novo código civil. **Revista TST**, Brasília, vol. 76, nº 17, p.17-63, jan./mar. 2010. Disponível em https://www.dpd.ufv.br/wp-content/uploads/Bibiografia-DIR-313.pdf. Acesso em 20.nov.2022.

Com o passar o tempo, a culpa passou a ser dispensava em busca da superação de flagrantes injustiças. Nascia assim a celebrada responsabilidade civil objetiva, em que ao agente causador do dano é imputada a responsabilização independe da existência de culpa na causação, conforme explica Sérgio Cavalieri Filho:

> É que a implantação da indústria, a expansão do maquinismo e a multiplicação dos acidentes deixaram exposta a insuficiência da culpa como fundamento único e exclusivo da responsabilidade civil. Pelo novo sistema, provados o dano e o nexo causal, exsurge o dever de reparar, independentemente de culpa. O causador do dano só se exime do dever de indenizar se provar a ocorrência de alguma das causas de exclusão do nexo causal- caso fortuito, força maior, fato exclusivo da vítima ou de terceiro.[25]

[25] CAVALIERI FILHO, Sérgio. Responsabilidade civil no novo código civil. **Revista da EMERJ**, v. 6, n. 24, p. 31-47, 2003. Disponível em https://www.emerj.tjrj.jus.br/revistaemerj_online/edicoes/revista24/revista24_31.pdf. Acesso em 20.nov.2022.

A responsabilidade civil objetiva decorre da força da lei (responsabilidade objetiva geral enquanto garantia do lesado) ou de atividade normalmente desenvolvida (teoria do risco da atividade), estando a sua cláusula geral delineada pelo parágrafo único do artigo 927 do Código Civil.

Parte dessa grata evolução pode ser atribuída à teoria do risco – em suas diversas modalidades -, que implicou numa releitura do sistema jurídico. Passou-se a buscar o responsável pela reparação, não o culpado pela lesão. A indenização é pelo fato danoso, não pela conduta culposa ou dolosa. A preocupação imediata do ordenamento, agora é a vítima e o reequilíbrio econômico do seu patrimônio que foi afetado, não quem causou a desconformidade.

A responsabilidade civil objetiva não deixa de se relacionar, igualmente, com o princípio da solidariedade social, que foi anteriormente analisado. O novo prisma social decorrente do princípio em voga remodela as noções de responsabilidade civil também por implicar na repartição dos riscos da atividade econômica na forma de corresponsabilidade e responsabilidade objetiva:

Com efeito, os princípios da solidariedade social e da justiça distributiva, capitulados o art. 3º, incisos I e III, da Constituição, segundo os quais se constituem em objetivos fundamentais da República a construção de uma sociedade livre, justa e solidária, bem como a erradicação da pobreza e da marginalização e a redução das desigualdades sociais e regionais, não podem deixar de moldar os novos contornos da responsabilidade civil. Do ponto de vista legislativo e interpretativo, retiram da esfera meramente individual e subjetiva o dever de repartição dos riscos da atividade econômica e da autonomia privada, cada vez mais exacerbados na era da tecnologia. Impõem, como linha de tendência, o caminho da intensificação dos critérios objetivos de reparação.[26]

---

[26] TEPEDINDO, Gustavo. A evolução da responsabilidade civil no direito brasileiro e suas controvérsias na atividade estatal. In: **Temas de direito civil**. Rio de Janeiro: Renovar, 2004, p. 191-216.

Inclusive, parte da doutrina hoje discute o surgimento de um terceiro modelo de responsabilidade, não individual, mas coletivo, fundado justamente na ideia de solidariedade. Defendem esses autores como tendência contemporânea a socialização da responsabilidade e dos riscos individuais, a fim de se criar um cenário de certeza em cada vítima de que sempre terá seu prejuízo indenizado pelo Estado já que o corpo social os absorveria. [27]

Grande expoente que defende essa nova tendência é Geneviève Viney, ao sinalizar a necessidade da organização de um sistema próprio de indenização de danos de massa e a diversificação de suas funções da responsabilidade civil:

> [...] deverá diversificar suas funções integrando os imperativos de dissuasão e de prevenção que foram um tanto negligenciados até o presente. Em poucas palavras, será preciso que 'vista uma nova pele'. Esperemos, em conseqüência, que os jovens juristas que se responsabilizarão pelo direito futuro saibam demonstrar imaginação e clarividência a f im de propor as reformas que se impõem, e que os juízes, assim como os

---

[27] FACCHINI NETO, Eugênio. op. cit. p.17-63.

políticos, tenham a coragem de efetivar essas proposições.[28]

[28] VINEY, Geneviève. As tendências atuais do direito da responsabilidade civil. In: TEPETINO, Gustavo (Org.). **Direito civil contemporâneo: novos problemas à luz da legalidade constitucional**. São Paulo: Atlas, 2008. p. 55.

O DANO SOCIAL

Da leitura do capítulo antecedente é possível perceber, em pequenas pílulas, como o dano social está inserido na teoria geral da responsabilidade. Neste capítulo, haverá uma imersão na teoria criada por Antonio Junqueira de Azevedo, com análise do conceito desse novo tipo de dano, suas hipóteses de configuração

O DANO SOCIAL SEGUNDO ANTONIO JUNQUEIRA DE AZEVEDO

Conforme ensina Marcelo Benacchio, o Direito tem como função precípua a regulação social a partir do incentivo ou do desestímulo de determinadas condutas, de modo a consolidar uma sociedade harmônica e justa:

> O Direito tem por finalidade a ordenação dos comportamentos das pessoas na sociedade, ou seja, enquanto fenômeno social pretende normatizar condutas em conformidade aos valores sociais constantes do sistema jurídico". [Procura, assim,] "incentivar certos comportamentos, desestimular ou impedir outros, conformando a sociedade de acordo

com os valores estabelecidos, tudo em favor da paz entre os seres humanos e na consolidação do justo, do bem e do honesto"[29].

Antonio Junqueira de Azevedo, compartilhando de ideia semelhante, após uma breve análise sobre a insegurança do sistema jurídico dos danos morais pela não aplicação da teoria do desestímulo[30], propõe a indenizabilidade de uma "nova espécie" de dano. Dano este que não lesa somente o patrimônio material ou moral da vítima, mas atinge toda a sociedade indistintamente, rebaixando o nível de vida de todos.[31]

O objetivo de Junqueira era que danos que repercutem além da relação entre ofensor e ofendido, vitimando igualmente a sociedade com o rebaixamento da qualidade de vida, deveriam ser compensados, a fim de restaurar o nível social de tranquilidade anterior.

O autor conceitua os danos sociais como "lesões à sociedade, no seu nível de vida, tanto por rebaixamento de seu patrimônio moral

[29] BENACCHIO, Marcelo. A função punitiva da responsabilidade civil no Código Civil. In: LOTUFO, Renan; NANNI, Giovanni Ettore; MARTINS, Fernando Rodrigues (Coord.). **Temas relevantes do direito civil contemporâneo: reflexões sobre os 10 anos do Código Civil**. São Paulo: Atlas, 2012.

[30] Segundo essa teoria, a indenização é fundada nos *punitives demages*, ou seja, "indenização punitiva, a qual majora o ressarcimento, pois importa em indenização imposta ao ofensor também com sentido de reprovar sua conduta" (ARAÚJO FILHO, Raul. *Punitive demages* e sua aplicabilidade no Brasil. **Superior Tribunal de Justiça - Doutrina: edição comemorativa**, 25 anos, Brasília, p. 327-346, 2014)

[31] FISBERG, Yuri. O dano social como instituto de aperfeiçoamento do tratamento coletivo da responsabilidade civil. **Revista Jurídica da Escola Superior do Ministério Público de São Paulo**, São Paulo, v. 14, n. 2, p. 137-147, 2018. Disponível em https://es.mpsp.mp.br/revista_esmp/index.php/RJESMPSP/article/view/356. Acesso em 27.nov.2022

– principalmente a respeito da segurança – quanto por diminuição na qualidade de vida."[32]

Observa-se, portanto, que a teoria de Junqueira atende principalmente ao critério de sociabilidade do Código Civil[33], uma vez que condutas socialmente reprováveis, antes não indenizáveis, agora o serão, implicando em nítido alargamento do instituto para proteção integral da sociedade:

> Os danos sociais são causa, pois, de indenização punitiva por dolo ou culpa grave, especialmente, repetimos, se atos que reduzem as condições coletivas de segurança, e de indenização dissuasória, se atos em geral de pessoa jurídica, que trazem uma diminuição do índice de qualidade de vida da população.[34]

Para Junqueira, a abrangência dos danos sociais é amplíssima. A título de exemplos o autor indica desde condutas egoísticas individuais, como a do pedestre que joga lixo no chão e aquela do sujeito burla a lei em interesse próprio, a outras

---

[32] AZEVEDO, Antonio Junqueira de. Por uma nova categoria de dano na responsabilidade civil: o dano social. **Revista Trimestral de Direito Civil**, Rio de Janeiro, n. 19, p. 211-218, 2004.

[33] Segundo Miguel Reale, a socialidade é o princípio que faz prevalecer "os valores coletivos sobre os individuais, sem perda, porém, do valor fundante da pessoa humana" (REALE, Miguel. op. cit.)

[34] AZEVEDO, Antonio Junqueira de. op. cit. p. 216.

"generalizadas", como a de uma empresa de transporte aéreo que sistematicamente atrasa seus voos.[35]

A teoria foi muito bem recebida pelos juristas brasileiros. Tanto é assim que, conforme já mencionado, na V Jornada de Direito Civil, aprovou-se enunciado de autoria de Eugênio Facchini Neto: "A expressão 'dano' no art. 944 abrange não só os danos individuais, materiais ou imateriais, mas também os danos sociais, difusos, coletivos e individuais homogêneos a serem reclamados pelos legitimados para propor ações coletivas".

Entre as justificativas da aprovação se encontram tanto a função reparatória da indenização, que deverá ser sempre integral, bem como a evolução social da noção de dano, especialmente diante da massificação da sociedade.

AS PECULIARIDADES DO DANO SOCIAL

A conceituação do dano social não guarda grandes dificuldades, justamente porque pode ser facilmente visualizado no dia a dia. Assim também é caracterização no caso concreto, inobstante demande a releitura dos institutos clássicos da responsabilidade civil.

---

[35] AZEVEDO, Antonio Junqueira de. **Novos estudos e pareceres de direito privado. Por uma nova categoria de dano na responsabilidade civil: o dano social**. São Paulo: Editora Saraiva, 2010. p. 380.

Em relação ao primeiro requisito conformador da responsabilidade civil, o ato ilícito, não há uma fórmula pré-determinada ou espécie que não seja abarcada pelas diretrizes trazidas pelos artigos 186 e 927 do Código Civil, ou seja, basta ação ou omissão em contrariedade com o direito que cause repercussão social negativa.

No que tange à indenização por dano social, há, contudo, uma valorização dos impactos dessa conduta que, por vezes, poderia passar despercebida, diante das consequências dela advindas:

> O pedestre que joga papel no chão, o passageiro que atende ao celular no avião, a loja do aeroporto que exagera no preço em dias de apagão aéreo, a pessoa que fuma próximo ao posto de combustíveis, a empresa que diminui a fórmula no medicamento, o pai que solta o balão com o seu filho. Mas os danos podem ser consideráveis: a metrópole que fica inundada em dias de chuva, o avião que tem problema de comunicação o que causa um acidente aéreo de grandes proporções, os passageiros já atormentados que não têm o que comer (já que a empresa aérea não paga o lanche), o posto de combustíveis que explode, os pacientes que

vêm a falecer, a casa atingida pelo balão que pega fogo.[36]

Acerca do elemento "dano", é certo que é o efetivo rebaixamento da qualidade de vida da sociedade ou de determinada comunidade, enquanto desdobramento da dignidade da pessoa humana dos integrantes do grupo atingido. É a lesão pela quebra da expectativa de confiança, pela diminuição da tranquilidade, pela insegurança, causada por atos negativamente exemplares, que extrapolam a relação entre ofendido e ofensor.[37]

Considerando, como acima exposto, que o "dano" não tem conceituação legal e que acompanha a evolução social, não há óbices para que o rebaixamento da qualidade de vida possa ser considerável como um efetivo prejuízo a ser indenizado. Não se pode olvidar que, com a constitucionalização do Direito Civil, o movimento de valorização da dignidade da pessoa humana implica justamente no conhecimento de "novos danos", como é exemplo o dano social.

---

[36] Ibidem. p. 381.

[37] FISBERG, Yuri. **Dano social: considerações positivas**. 2018. 348 f. Dissertação (Mestrado – Programa de Pós-Graduação em Direito Civil) – Faculdade de Direito, Universidade de São Paulo, 2018.

Yuri Fisberg, estudando o tema, indica a necessidade de adoção de critérios objetivos para indicar o efetivo rebaixamento da qualidade de vida da população.[38] Para o autor, o dano social deveria ser baseado nos critérios fornecidos pelas Nações Unidas na apuração do Índice de Desenvolvimento Humano (IDH) e no Índice de Valores Humanos (IVH): indicadores sociais de saúde, educação, renda *per capta* etc. Outra possibilidade seria adoção do Índice de Progresso Social (IPS) e suas métricas que avaliam o bem-estar coletivo e o potencial individual.

Acerca do nexo de causalidade, enquanto conceito jurídico e não causalidade física pura, pode ser observado pelo nexo de imputação e a partir de critérios fluídos de decorrentes de valores, iluminado pela solidariedade social. Portanto, havendo conduta socialmente reprovável, dela se depreende como consequência o rebaixamento da qualidade de vida pelo decréscimo da segurança, havendo entre ambas a um sútil nexo.

Por derradeiro, ao contrário do que se possa imaginar, a configuração do dever de indenizar o dano social não dispensa a análise do ânimo subjetivo do agente, de modo que exige, conforme teorização do professor Junqueira, de dolo ou culpa grave.

---

[38] FISBERG. **O dano social como instituto de aperfeiçoamento do tratamento coletivo da responsabilidade civil**. op. cit.

A maior dificuldade em relação à teoria do dano social, como visto, não é sua caracterização. As divergências se fundam, em verdade, na legitimidade para o pedido e titularidade da indenização, sobretudo por serem os danos sociais de ordem difusa, e, também por isso, na apuração do *quantum debeatur*.

Por impossível a identificação individualizada das vítimas, mormente porque o dano atinge indistintamente uma coletividade, a doutrina caminha para considerar como legitimados *ad causam* as mesmas pessoas que possuem legitimidade para a propositura das demandas coletivas. O assunto, na visão dos tribunais pátrios, será abordado adiante.

No que tange à titularidade da indenização, pelo mesmo motivo, Junqueira propõe, em cotejo das funções da reparação civil, como solução que a indenização seja destinada a um fundo de proteção ou a uma instituição de caridade, de acordo com o direito violado, conforme artigo 100 do Código de Defesa do Consumidor e artigo 883, parágrafo único, do Código Civil. O objetivo é obstar o enriquecimento sem causa individual, mas ao mesmo tempo promover a reparação do dano. Conforme sintetiza Flávio Tartuce:

> A ideia, nesse sentido, é perfeita, se os prejuízos atingiram toda a coletividade, em um sentido difuso, os valores de reparação

devem também ser revertidos para os prejudicados, mesmo que de forma indireta.[39]

Entretanto, o criador da teoria do dano social não excluí a hipótese de reversão da indenização à própria vítima imediata e legitimidade dela, individualmente, para o pleito. Para Junqueira, o tema é, em verdade, questão de política legislativa.

Destaca o jurista que o pedido de indenização a órgão representativo da sociedade deveria, em tese, ser manejado pelo Ministério Público, todavia, seria irracional atribuir mais esta função ao Parquet. Em complementação, acredita que a vítima, ao pleitear o direito e ao ser indenizada, atua em prol da sociedade como verdadeiro promotor público, devendo ser recompensada pela atuação.

Propõe o autor que "é preciso recompensar, e estimular, aquele que, embora por interesse próprio, age em benefício da sociedade. Trata-se de incentivo para um aperfeiçoamento geral"[40]. Renata Silva Contra, sobre o tema, esclarece se tratar de legitimidade individual justificada pela própria condição de vítima de dano individual e de dano social, desnaturando-se o pedido do *status* de ação coletiva.[41]

---

[39] TARTUCE, Flávio. **Manual de direito civil: volume único**. 10 ed. Rio de Janeiro: Forense, São Paulo: Método, 2020. E-book.

[40] AZEVEDO, Antonio Junqueira de. Por uma nova categoria de dano na responsabilidade civil: o dano social. In: FILOMENO, José Geraldo Brito; WAGNER JUNIOR, Luiz Guilherme da Costa; GONÇALVES, Renato Afonso (Coord.). **O código civil e sua interdisciplinaridade: os reflexos do código civil nos demais ramos do direito**. Belo Horizonte: Del Rey, 2004, p. 376

[41] Cintra, Renata Silva. **O dano social nas relações consumeristas**. 2015. 88 f. Monografia (graduação em direito) - Universidade Federal do Paraná, Paraná, 2015.

Em sentido contrário, Yuri Fisberg defende que, eventual reversão da indenização em favor do indivíduo pessoalmente lesado levaria, inexoravelmente, à ineficácia da proposta da teoria do dano social. Isso porque a sua finalidade é justamente a socialização do dano e otimização da finalidade da indenização[42].

Há corrente que defende, independentemente da legitimidade individual ou coletiva, a possibilidade de reconhecimento de ofício, sem pedido expresso. Uma das vozes dessa corrente é Flávio Tartuce, que sustenta que, nas demandas com fundamento no direito consumerista, seria autorizado o reconhecimento *ex officio* por se tratar de matéria de ordem pública, conforme dicção do artigo 1º do Código de Defesa do Consumidor:

> O valor da indenização social foi fixado de ofício pelos julgadores, o que pode ocorrer em casos tais, por ser a matéria de ordem pública. Como fundamento legal para tanto, por se tratar de questão atinente a direitos dos consumidores, cite-se o art. 1º do Código de Defesa do Consumidor, que dispõe ser a Lei 8.078/1990 norma de ordem pública e interesse social. Sendo assim, toda a proteção constante da Lei Consumerista pode ser reconhecida de ofício pelo julgador, inclusive o seu art. 6º, inc. VI, que trata dos danos

---

[42] FISBERG, Yuri. **Dano social: considerações positivas**. op. cit.

morais coletivos e dos danos sociais ou difusos, consagrando o princípio da reparação integral dos danos na ótica consumerista.[43]

Por derradeiro, em relação ao valor indenizatório, sem deixar de observar é medido pela extensão do dano, há essencialmente o prestígio da função punitiva da indenização e seu caráter de desestímulo às condutas socialmente reprováveis.

Como regra, a reparação *in natura* é sempre preferível. Ao dano social, embora dificultosos, não há motivos para afastamento da regra. Para Yuri Fisberg, o prestígio a soluções criativas para compensação do dano social sofrido é possível e necessário, sugerindo a adoção de obrigações de fazer ou de não fazer que restituam a tranquilidade a sociedade atingida e dando como exemplo o fomento de programas educacionais e beneficentes.[44]

Se inviável a recomposição da tranquilidade, o equivalente em dinheiro será a saída. Para o arbitramento do valor da indenização o norte é o atendimento ao postulado da proporcionalidade. Assim, devem ser sopesados o lucro obtido pela conduta a ser sancionada, a condição econômica das partes, o grau de prejuízo da sociedade e se houve outros tipos de punição, como eventual multa administrativa, critérios já adotados na indenização por danos morais.

[43] TARTUCE, Flávio. **Manual de direito do consumidor: direito material e processual**. 7ª ed. rev., atual. e ampl.. Rio de Janeiro: Forense; São Paulo: Método, 2018. E-book.

[44] FISBERG. Yuri. **Dano social: considerações positivas**. op. cit.

Nesse ponto, Antonio Junqueira de Azevedo separa em duas rubricas diferentes o pagamento da indenização por dano social, uma com fundamento no desestímulo e outra fundada na punição:

> Observamos, sobre isso, que a pena tem em vista um fato passado enquanto que o valor de desestímulo tem em vista o comportamento futuro; há punição versus prevenção. [...] O valor por desestímulo, por outro lado, voltando a comparação com punição, é especialmente útil quando se trata de empresa, pessoa jurídica, agindo no exercício de suas atividades profissionais , em geral atividades dirigidas ao público [...]Apesar do mesmo fundamento – dano social – as verbas devem ser discriminadas; as diferenças entre verbas de punição e por desestímulo se apresentam nas razões justificadoras (fatos passados e fatos futuros) e, em linha de princípio, também quando se põe a atenção nas pessoas visadas (pessoas físicas na punição e pessoas jurídicas na dissuasão)[45].

---

[45] AZEVEDO, Antonio Junqueira de. **Por uma nova categoria de dano na responsabilidade civil: o dano social**. p. 216.

De toda sorte, é importante lembrar que a ideia fundante da indenização por danos social é de que a condenação deve ser justa e eficiente, mas sem transpor os limites da razoável punição, sobretudo porque a função do dano social é subsidiar a aplicação da teoria do desestímulo (*punitive demages*) em solo brasileiro.

DANO MORAL COLETIVO X DANO SOCIAL

Considerando seu caráter coletivo, não são raras as confusões entre o dano moral coletivo e o dano social. Todavia é certo que essas modalidades de dano não se confundem e possuem suas peculiaridades.

A primeira diferença entre ambos é a própria noção do dano a ser indenizado. Para os danos morais coletivos há, de fato, abalo aos atributos da personalidade dos titulares de direitos coletivos *stricto sensu* (pessoas integrantes de grupo, categoria ou classe de pessoas ligadas por uma relação jurídica base) ou de titulares de direitos individuais homogêneos (pessoas unidas por um direito de origem comum). O dano social, por sua vez, é de ordem difusa, atingindo, indistintamente, uma quantidade indeterminável de pessoas que têm sua qualidade de vida rebaixada, ou seja, por circunstâncias fáticas, não necessariamente jurídicas.

Daí é que advém a diferença quanto a quem é designada a indenização: os danos morais coletivos são destinados para as próprias vítimas imediatas do evento danoso, enquanto os danos sociais, dada a natureza difusa, devem ser revertidos à sociedade através do direcionamento da indenização a entidades beneficentes ou fundos públicos.

De lado outro, o dano moral coletivo, como o próprio nome indica, é essencialmente de ordem extrapatrimonial. O dano social pode ser imaterial ou material, a depender do caso concreto.

Por serem de ordens diferentes, terem natureza jurídica distintas e diferentes finalidades, defende o professor Junqueira a possibilidade de cumulação das verbas:

> O art. 944 do Código Civil, ao limitar a indenização à extensão do dano, não impede que o juiz fixe, além das indenizações pelo dano patrimonial e pelo dano moral, também – esse é o ponto – uma indenização pelo dano social. A 'pena' – agora, entre aspas, porque no fundo é reposição à sociedade -, visa restaurar o nível social de tranquilidade diminuída pelo ato ilícito.[46]

---

[46] Ibidem. p. 215.

Ademais, conforme lições de Junqueira, as indenizações por danos morais coletivos e por danos sociais têm escopos diferentes: a primeira busca atender ao modelo compensatório e a segunda tem viés punitivo, aproximado aos *punitives demages*.

Judith Martins-Costa e Mariana Pargendler, embora sem se debruçar a respeito dos danos sociais, sintetizam as diferenças entre as funções compensatória dos danos morais e punitiva de outros danos:

> É preciso, pois, distinguir: uma coisa é arbitrar-se indenização pelo dano moral que, fundada em critérios de ponderação axiológica, tenha caráter compensatório à vítima, levando-se em consideração- para a fixação do montante- a concreta posição da vítima, a espécie de prejuízo causado e, inclusive, a conveniência de dissuadir o ofensor,(...); outra coisa é adotar-se a doutrina dos punitive damages que, passando ao largo da noção de compensação, significa efetivamente – e exclusivamente- a imposição de uma pena, com base na conduta altamente

reprovável (dolosa ou gravemente culposa) do ofensor, como é próprio do direito punitivo.[47]

Portanto, é possível inferir que danos sociais não se confundem com os danos morais coletivos, tanto por diferentes causas, destinatários da indenização e função.

---

[47] MARTINS-COSTA, Judith; PARGLENDER, Mariana Souza. Usos e abusos da função punitiva: *punitive damages* e o direito brasileiro. **R. CEJ**, Brasília, n. 28, p. 15-32, jan./mar. 2005, p. 23. Disponível em: <https://revistacej.cjf.jus.br/cej/index.php/revcej/article/view/643/823>. Acesso em: 11.dez.2022.

O ENTENDIMENTO DOS TRIBUNAIS BRASILEIROS

Não demorou para que a questão do dano social fosse levada aos tribunais pátrios, que, em alguns casos, passaram a acolher o pedido condenatório. O próprio Superior Tribunal de Justiça já se manifestou algumas vezes sobre o tema.

O primeiro caso em que se há notícias a respeito da adoção da teoria do dano social, nos idos do longínquo 2007, foi o julgamento do dissídio coletivo 2028800-81.2007.5.02.0000 (20288-2007-000-02-00-2) pelo Tribunal Regional do Trabalho da 2ª Região[48]. Conforme acordão relatado pela Desembargadora Sônia Maria Prince Franzini, o movimento grevista deflagrado pelo Sindicado dos Trabalhadores em Transportes Metroviários de São Paulo teria causados danos à coletividade em razão da paralização completa do serviço essencial de transporte, direito social garantido constitucionalmente. Assim, os suscitados – o Sindicado dos Metroviários e a Companhia do Metropolitano de São Paulo – foram condenados ao pagamento de forma solidária de 450 (quatrocentos e cinquenta) cestas básicas a determinadas entidades beneficentes indicadas no acordão.

---

[48] BRASIL. Tribunal Regional do Trabalho da 2ª Região. **Dissídio Coletivo SDC 20288200700002002**; Relator: Desa. Sônia Maria Prince Franzini; Seção de Dissídios Coletivos; Publicação em 10/07/2007. Disponível em: http://votosweb.trtsp.jus.br/consulta/VOTOS/Sdc/20070628_20070002882_r.HTM> . Acesso em: 11.dez.2022.

A condenação, no entanto, no julgamento do recurso ordinário pelo Tribunal Superior do Trabalho não persistiu. O acórdão de relatoria da Ministra Dora Maria da Costa, integrante da Seção Especializada em Dissídios Coletivos, excluiu a indenização por incompatibilidade do pedido com a natureza coletiva do conflito.[49]

Fora da justiça especializada, a jurisprudência gaúcha foi a primeira a deparar-se com um caso de dano social. Trata-se da constatação de fraude na loteria "Toto Bola", que ensejou a condenação de Kater Administradora de Eventos Ltda. ao pagamento do valor de R$ 10.400,00 (dez mil e quatrocentos reais), com os acréscimos legais de correção monetária e juros moratórios, em favor do Fundo Estadual de Defesa do Consumidor (Fecon).

A decisão de condenação foi proferida nos autos do processo 71001249796 e teve a relatoria do juiz Eugênio Facchini Neto. Na oportunidade, o relator fez importante diferenciação entre os danos individualmente considerados, fragmentados e dispersos pela população e que foram ínfimos consideradas as remotas chances de ganho, e os danos socialmente experimentados, que demandam postura firme e cogente do Direito através da função punitiva da indenização:

---

[49] BRASIL. Tribunal Superior do Trabalho. **Recurso Ordinário em Dissídio Coletivo 2028800-81.2007.5.02.0000**; Relatora: Min. Dora Maria da Costa; Seção dos Dissídios Coletivos do TST; Publicação em 20/11/2009. Disponível em: <ttps://consultaunificada.tst.jus.br/consultaunificada2/inteiroTeor.do?action=printInteiroTeor&format=html&highlight=true&numeroFormatado=RODC%20-%202028800-81.2007.5.02.0000&base=acordao&rowid=AAANGhAAFAAAxbhAAK&dataPublicacao=20/11/2009&localPublicacao=DEJT&query=>. Acesso em 11.dez.2022.

Assim, como os danos sociais causados pela ré foram maiores do que os danos individualmente sofridos pelos autores das diversas demandas que já aportaram na justiça e que servem de termômetro da justa indignação do povo gaúcho, que não tolera fraudes e desonestidades, mormente quando nela estão envolvidas pessoas oriundas de países vizinhos é caso de aplicação da função punitiva da responsabilidade civil, condenando-se a requerida a pagar uma espécie de pena privada."[50]

Outro precedente histórico que ajudou na construção de uma jurisprudência sobre o tema foi o julgamento da apelação 0027158-41.2010.8.26.0564 pelo Tribunal de Justiça de São Paulo. Tratou-se, na origem, de ação indenizatória promovida pelo consumidor após negativa ilegal de tratamento médico pela operadora de plano de saúde Amil[51].

---

[50] RIO GRANDE DO SUL. Tribunal de Justiça do Rio Grande do Sul. **Recurso Inominado 71001249796**. Relator: Dr. Eugênio Fachini Neto; Disponível em < https://www.tjrs.jus.br/novo/noticia/noticia-legado-16761/>. Acesso em: 11.dez.2022
[51] SÃO PAULO, Tribunal de Justiça de São Paulo. **Apelação 0027158-41.2010.8.26.0564**. Relator: Des. Teixeira Leite; 4ª Câmara de Direito Privado; Publicação: DJe de 26/07/2013. Disponível em <https://esaj.tjsp.jus.br/cposg/show.do?processo.codigo=RI001J5SW0000#?cdDocumento=23>. Acesso em 11.dez.2022.

No julgamento da apelação, ao constatar-se a repetição de ações com o mesmo fundamento e a premente necessidade de prestigiar a função social da responsabilidade civil pela formulação de indenização punitiva, a Amil foi condenada ao pagamento de R$ 1.000.000,00 (um milhão de reais) em favor do Hospital das Clínicas da Faculdade de Medicina de São Paulo – HCFMSP, cujos préstimos à área da saúde são imensuráveis, vedado o incremento das cobranças aos usuários do plano de saúde para custeio da condenação.

Destaca-se que, conforme defendido, a indenização pelo dano social no caso *sub judice* foi arbitrado sem prejuízo daquela pelos danos individuais sofridos pelo paciente que teve o tratamento obstado.

O julgamento anunciado se apoiou nos estudos do professor Junqueira, sobretudo pela necessidade de incremento da indenização enquanto antídoto à reiteração da conduta ilícita. Apesar de longo, o trecho abaixo transcrito é necessário para assentar as premissas do julgamento e da pertinência da condenação imposta

"Afinal, não pode haver dúvida que naqueles exemplos negativos referidos pelo autor [Antonio Junqueira de Azevedor] supracitado, este, certamente, é um deles. Afinal, nesse campo, as reiteradas e descabidas recusas de cobertura por parte pelas seguradoras trazem grave dano de âmbito coletivo, atingindo a todos os segurados, que, embora possuam o direito ao atendimento contratado, interpretado e, de há muito, reconhecido pelo Poder Judiciário, são forçados a promoverem novas ações na busca de efetividade desse contrato cujo preço pagam regularmente.

Em outras palavras, não há tranquilidade, muito menos segurança, quanto a outra parte desse trato, ainda que exigido no seu estreito limite e finalidade que é o atendimento de riscos associados à saúde. [...]

Então, se não há como remediar a desafiadora atitude da seguradora, que, a despeito de minguadas indenizações individuais, continua a praticar os mesmos e reconhecidos ilícitos, agravando a noção de insegurança e propagando danos que nem sempre são reclamados em Juízo, cabe impor método diverso de reparação para tentar por cobro ao desmando. A indenização punitiva é uma ideia que nasceu e cresceu pela obrigatoriedade de fazer com que a responsabilidade civil chegue ao objetivo da pacificação e, no caso da seguradora, está provado que o método tradicional é falível e foi vulnerado pelas práticas seguintes e iguais. Ainda que assim não fosse, a reparação punitiva é independente da ação do segurado, porque é emitida devido a uma somatória de atos que indicam ser a hora de agir para estabelecer respeitabilidade e equilíbrio nas relações.

Embora reconhecida pela instância recursal ordinária em razão do conjunto fático-probatório produzido, o Superior Tribunal de Justiça reformou a decisão nesse ponto. Consubstanciado em entendimento adotado em outros julgamentos, Ministra Maria Isabel Gallotti, sede de relatoria do Recurso Especial 1.598.709/SP, tirado da apelação supracitada, decidiu pela impossibilidade de imposição da condenação pela inexistência de pedido expresso por parte do autor e pela sua ilegitimidade, caso tivesse deduzido a pretensão[52].

Para a relatora, que foi acompanhada pelos demais integrantes da Quarta Turma, embora seja inegável a extensão do efeito devolutivo da apelação, é vedado ao julgador aumentar ou estender os pedidos, em respeito ao princípio da congruência. Em complementação, acrescentou que os danos sociais, difusos, coletivos e individuais homogêneos somente podem ser pleiteados pelos legitimados coletivos, incompatíveis, portanto, com demandas individuais.

---

[52] BRASIL. Superior Tribunal de Justiça. **Recurso Especial 1.598.709/SP (2016/0118006-8)**. Relatora: Min. Maria Isabel Gallotti; Quarta Turma; Publicação em 29/11/2018. Disponível em <https://processo.stj.jus.br/processo/revista/documento/mediado/?componente=MON&sequencial=89853204&tipo_documento=documento&num_registro=201601180068&data=20181129&formato=PDF>. Acesso em 11.dez.2022.

O acordão em questão foi prolatado de acordo com o entendimento do Tema 742: "É nula, por configurar julgamento extra petita, a decisão que condena a parte ré, de ofício, em ação individual, ao pagamento de indenização a título de danos sociais em favor de terceiro estranho à lide."[53]

Referido tema foi fixado no julgamento da Reclamação 12.062/GO, que foi afetada como caso representativo da controvérsia, na forma do artigo 543-C do Código de Processo Civil de 1973 e da Resolução nº 8/2008 do Superior Tribunal de Justiça.

Em detida ponderação entre o princípio da adstrição/congruência e o princípio da indenização integral, prevaleceu o primeiro enquanto desdobramento do princípio do contraditório. Ponderou o Ministro Raul Araújo, relator do voto acolhido por unanimidade, não se desconhece a existência dos danos de ordem social, todavia, o comando condenatório não pode entregar prestação jurisdicional não pleiteada pela parte, em benefício de terceiro que não integra o processo, e que só pode ser exigida em demanda coletiva:

---

[53] BRASIL. Superior Tribunal de Justiça. **Tema 742**. Segunda Seção; Publicação em 20/11/2014. Disponível em <https://processo.stj.jus.br/repetitivos/temas_repetitivos/pesquisa.jsp?novaConsulta=true&tipo_pesquisa=T&cod_tema_inicial=742&cod_tema_final=742>. Acesso em 11.dez.2022.

Pode-se concluir, assim, que a decisão ora impugnada extrapolou de forma clara os limites objetivos e subjetivos da demanda, na medida em que conferiu provimento jurisdicional diverso daqueles delineados pela autora da ação na exordial, bem como atingiu para beneficiar terceiro alheio à relação jurídica processual levada a juízo. Impende ressaltar, ainda, que, mesmo que a autora formulasse eventual pedido de condenação em danos sociais na ação em exame, o pleito não haveria de ser julgado procedente, porquanto esbarraria na ausência de legitimidade para postulá-lo. Os danos sociais são admitidos somente em demandas coletivas e, portanto, somente os legitimados para propositura de ações coletivas têm legitimidade para reclamar acerca de supostos danos sociais decorrentes de ato ilícito, motivo por que não poderiam ser objeto de ação individual.[54]

---

[54] BRASIL. Superior Tribunal de Justiça. **Reclamação 12.062/GO (2013/0090064-6)**; Relator: Min. Raul Araújo; Segunda Seção; Publicação em 20/11/2014; Disponível em <https://processo.stj.jus.br/processo/revista/documento/mediado/?componente=ITA&sequencial=1365001&num_registro=201300900646&data=20141120&formato=PDF>. Acesso em 11.dez.2022.

A questão chegou também ao Supremo Tribunal Federal através do Recurso Extraordinário 741.868/GO. Todavia, por demandar revolvimento do conjunto probatório e, sobretudo, em sendo a matéria de cunho infraconstitucional, a insurgência não teve o mérito apreciado.[55]

O que se conclui é, portanto, que a questão do dano social tem paulatinamente avançado para reconhecimento pelos tribunais pátrios, mas ainda há atuação muito comedida dos julgadores, sobretudo diante da relutância do superior Tribunal de Justiça em reconhecer uma legitimidade ampla para o pedido.

É necessário assim, diante do cenário criado, que os legitimados suscitem cada vez mais as hipóteses de existência de dano social, criando um paradigma punitivo da indenização e atendimento da função social da responsabilidade civil.

---

[55] BRASIL. **Recurso Extraordinário 741.686/GO**. Relatora: Min. Cármen Lúcia. Seção de recebimento e processamento de recursos. Publicação em 03/05/2013. Disponível em < https://jurisprudencia.stf.jus.br/pages/search/despacho330687/false>. Acesso em 11.dez.2022.

CONSIDERAÇÕES FINAIS

É inegável a evolução dogmática do Direito Civil, sobretudo quanto à responsabilidade civil aquiliana, a par da releitura, pela doutrina contemporânea, da noção de norma em decorrência da força cogente dos princípios, e do posicionamento da Constituição Federal enquanto ápice do sistema jurídico irradiando seu conteúdo indistintamente sobre todos os ramos do direito. Evolução essa também fruto da massificação do consumo e necessidade de proteção dos indivíduos na sociedade de risco.

Desse panorama é que emergem os "novos danos", especialmente o dano social. A proposta doutrinária dos danos sociais é decorrência de estudos sobre a insuficiência da função reparadora da indenização civil e necessidade de incremento da função punitiva em determinados casos específicos, aproximando-se dos *punitives demages* e da responsabilidade com viés pedagógico e social.

É assim que Antonio Junqueira de Azevedo, em um de seus trabalhos mais consagrados, debruça-se sobre o conceito, peculiaridades e requisitos para conformação do dano social que, segundo o autor, é aquele decorrente do rebaixamento da qualidade de vida da sociedade, fruto de atos dolos ou de culpa grave e que são capazes de, extrapolando o espectro individual, atingir indivíduos indeterminados.

A nova categoria de dano proposta encontrou boa aceitação pela doutrina pátria, uma vez que atende aos requisitos clássicos para a imposição do dever de indenizar iluminados pela ideia de proteção da dignidade da pessoa humana, do incremento dos riscos a serem considerados como atos danosos e socialização dos danos.

Aos poucos a temática chegou aos tribunais, onde enfrenta certa resistência não por questionamentos acerca da (in)existência do dano social, mas por entraves de ordem prática quanto à legitimidade para o pedido de indenização, a destinação da verba e a apuração do *quantum* indenizatório.

Hoje, ainda que de forma tímida, prevalece que o a legitimação ao pedido é exclusiva daqueles entes e pessoas com atribuição de manejo das ações coletivas, que eventual condenação deve ser destinada a fundos públicos ou entidades beneficentes, a depender da natureza jurídica do direito violado, e que o valor da indenização passará pelos critérios comumente adotados para a indenização extrapatrimonial (capacidade econômica das partes, benefício proporcionado pelo ato lesivo etc.).

O que se observou é que os danos sociais têm contornos próprios e não se confundem com outras modalidades de danos indenizáveis. O seu reconhecimento, por maximizar o poder da indenização, pode e deve ser utilizado como instrumento efetivo de proteção da sociedade, especialmente, dos titulares de direitos difusos violados, atendendo, em última análise, o prestígio da dignidade da pessoa humana e princípio da solidariedade social.

Não se pode ignorar a valiosa lição deixada pelo professor Antonio Junqueira de Azevedo. De todo modo, é necessário que sobre o tema haja mais desenvolvimento acadêmico e jurisprudencial, sobretudo para garantir a efetividade da imposição de condenação de ordem patrimonial ou extrapatrimonial como única forma, em determinados casos de microdanos lucrativos, de obstar que o ato lesivo seja sucessivamente reiterado.

REFERÊNCIAS

ARAÚJO FILHO, Raul. *Punitive demages* e sua aplicabilidade no Brasil. **Superior Tribunal de Justiça - Doutrina: edição comemorativa, 25 anos**, Brasília, p. 327-346, 2014.

AZEVEDO, Antonio Junqueira de. Por uma nova categoria de dano na responsabilidade civil: o dano social. **Revista Trimestral de Direito Civil**, Rio de Janeiro, v. 5, n. 19, p. 211-218, 2004.

_____. **Novos estudos e pareceres de direito privado. Por uma nova categoria de dano na responsabilidade civil: o dano social**. São Paulo: Editora Saraiva, 2010.

BENACCHIO, Marcelo. A função punitiva da responsabilidade civil no Código Civil. In: LOTUFO, Renan; NANNI, Giovanni Ettore; MARTINS, Fernando Rodrigues (Coord.). **Temas relevantes do direito civil contemporâneo: reflexões sobre os 10 anos do Código Civil**. São Paulo: Atlas, 2012.

_____. Algumas considerações acerca da relação de causalidade na responsabilidade civil. In: GUERRA, Alexandre Dartanhan de Mello (coord.) **Responsabilidade civil**. São Paulo: Escola Paulista da Magistratura, 2015.

BRASIL. **Lei de 16 de dezembro de 1830.** Manda executar o Código Criminal. Império do Brazil, 1830.

_____. **Lei 3.071**, de 1º de janeiro de 1916. Código Civil dos Estados unidos do Brasil. Rio de Janeiro, RJ, 1916.

_____. **Constituição da República Federativa do Brasil de 1988.** Brasília, DF, 1988.

_____. **Lei 10.406**, de 10 de janeiro de 2002. Institui o Código Civil. Brasília, DF, 2002.

_____. Conselho da Justiça Federal. Enunciado 456. O art. 944, caput, do Código Civil não afasta a possibilidade de indenização a título de dano social. **V Jornada de Direito Civil. Brasília: CJF**, 2012. Disponível em https://www.cjf.jus.br/cjf/corregedoria-da-justica-federal/centro-de-estudos-judiciarios-1/publicacoes-1/jornadas-cej/vjornadadireitocivil2012.pdf. Acesso em 27. nov.2022.

_____. Supremo Tribunal Federal. **Recurso Extraordinário 741.686/GO**. Relatora: Min. Cármen Lúcia. Seção de recebimento e processamento de recursos. Publicação em 03/05/2013. Disponível em   < https://jurisprudencia.stf.jus.br/pages/search/despacho330687/false>. Acesso em 11.dez.2022.

_____. Tribunal Regional do Trabalho da 2ª Região. **Dissídio Coletivo SDC 20288200700002002**; Relator: Desa. Sônia Maria Prince Franzini; Seção de Dissídios Coletivos; Publicação em 10/07/2007. Disponível em: http://votosweb.trtsp.jus.br/consulta/VOTOS/Sdc/20070628_200700 02882_r.HTM>. Acesso em: 11.dez.2022.

_____. Tribunal Superior do Trabalho. **Recurso Ordinário em Dissídio Coletivo 2028800-81.2007.5.02.0000**; Relatora: Min. Dora Maria da Costa; Seção dos Dissídios Coletivos do TST; Publicação em 20/11/2009. Disponível em: <ttps://consultaunificada.tst.jus.br/consultaunificada2/inteiroTeor.do ?action=printInteiroTeor&format=html&highlight=true&numeroFor matado=RODC%20-%202028800-81.2007.5.02.0000&base=acordao&rowid=AAANGhAAFAAAxbh AAK&dataPublicacao=20/11/2009&localPublicacao=DEJT&query =>. Acesso em 11.dez.2022.

_____. Superior Tribunal de Justiça. **Tema 742**. Segunda Seção; Publicação em 20/11/2014. Disponível em <https://processo.stj.jus.br/repetitivos/temas_repetitivos/pesquisa.jsp ?novaConsulta=true&tipo_pesquisa=T&cod_tema_inicial=742&cod _tema_final=742>. Acesso em 11.dez.2022.

_____. Superior Tribunal de Justiça. **Recurso Especial 1.598.709/SP (2016/0118006-8)**. Relatora: Min. Maria Isabel Gallotti; Quarta Turma; Publicação em 29/11/2018. Disponível em <https://processo.stj.jus.br/processo/revista/documento/mediado/?componente=MON&sequencial=89853204&tipo_documento=documento&num_registro=201601180068&data=20181129&formato=PDF>. Acesso em 11.dez.2022.

CAVALIERI FILHO, Sérgio. Responsabilidade civil no novo código civil. **Revista da EMERJ**, v. 6, n. 24, p. 31-47, 2003. Disponível em <ttps://www.emerj.tjrj.jus.br/revistaemerj_online/edicoes/revista24/revista24_31.pdf>. Acesso em 20.nov.2022.

CINTRA, Renata Silva. **O dano social nas relações consumeristas**. 2015. 88 f. Monografia (graduação em direito) - Universidade Federal do Paraná, Paraná, 2015.

DESSAUNE, Marcos. Teoria aprofundada do desvio produtivo do consumidor: um panorama. **Direito em Movimento**, Rio de Janeiro, v. 17, n. 1, p. 15-31, 1º sem. 2019. Disponível em https://www.emerj.tjrj.jus.br/revistadireitoemovimento_online/edicoes/volume17_numero1/volume17_numero1_15.pdf. Acesso em: 20.nov.2022.

DIAS, José de Aguiar. Da responsabilidade civil, v. I, Rio de Janeiro: Forense, 1994, p. 1. Apud GAGLIANO, Pablo Stolze. **Manual de direito civil: volume único**. 6. ed. São Paulo: SaraivaJur, 2022. E-book.

DÍAZ, Julio Alberto. Responsabilidade Coletiva. Belo Horizonte: Del Rey, 1998. In: FERREIRA, Rogério Campos. Indenização por dano moral: fixação do *quantum* debeatur. **Boletim Jurídico**, Uberaba/MG, a. 2, n. 155. Disponível em https://www.boletimjuridico.com.br/artigos/direito-civil-responsabilidade-civil/937/indenizacao-dano-moral-fixacao-quantum-debeatur. Acesso em 20.nov.2022.

FARIAS, Cristiano Chaves de. **Manual de direito civil – volume único**. 4 ed. rev, ampl. e atual. Salvador: JusPodivm, 2019.

FACCHINI NETO, Eugênio. Da responsabilidade civil no novo código civil. **Revista TST**, Brasília, vol. 76, n. 17, p.17-63, jan./mar. 2010. Disponível em https://www.dpd.ufv.br/wp-content/uploads/Bibiografia-DIR-313.pdf. Acesso em 20.nov.2022.

GAGLIANO, Pablo Stolze. **Manual de direito civil: volume único**. 6. ed. São Paulo: SaraivaJur, 2022. E-book.

GONÇALVES, Carlos Roberto. **Direito civil brasileiro: responsabilidade civil**. 7 ed. São Paulo: Saraiva, 2012. E-book.

_____. **Direito civil brasileiro: responsabilidade civil**. 7. ed. São Paulo: Saraiva, 2012.

KUGUIMIYA, Luciana Lie. **Dano social: Uma nova categoria de dano indenizável.** Disponível em https://www.migalhas.com.br/depeso/335302/dano-social--uma-nova-categoria-de-dano-indenizável. Acesso em 13. nov. 2022.

MARTINS-COSTA, Judith; PARGLENDER, Mariana Souza. Usos e abusos da função punitiva: punitive damages e o direito brasileiro. **R. CEJ**, Brasília, n. 28, p. 15-32, jan./mar. 2005, p. 23. Disponível em: <https://revistacej.cjf.jus.br/cej/index.php/revcej/article/view/643/823>. Acesso em: 11.dez.2022.

Miranda, Pontes de. Das obrigações por atos ilícitos. Rio de Janeiro: Borsoi, 1927, p. 182. Apud FARIAS, Cristiano Chaves de. **Manual de direito civil – volume único**. 4 ed. rev, ampl. e atual. Salvador: JusPodivm, 2019.

PIRES, Fernanda Ivo. A responsabilidade civil na perspectiva constitucional: neminem laedere, um direito fundamental. **Revista FAPAD - Revista da Faculdade Pan-Americana de Administração e Direito**, Curitiba (PR), v. 1, n. 2, p. e049, 2021. DOI: 10.37497/revistafapad.v1i2.49. Disponível em: https://periodicosfapad.emnuvens.com.br/gtp/article/view/49. Acesso em: 6.nov. 2022.

RIO GRANDE DO SUL. Tribunal de Justiça do Rio Grande do Sul. **Recurso Inominado nº 71001249796**. Relator: Dr. Eugênio Fachini Neto. 3ª Turma Recursal. Publicado em 17/04/2007. Disponível em < https://www.tjrs.jus.br/novo/noticia/noticia-legado-16761/>. Acesso em: 11.dez.2022

REALE, Miguel. **Visão geral do projeto de código civil**. Disponível em <https://edisciplinas.usp.br/pluginfile.php/3464464/mod_resource/content/1/O%20novo%20C%C3%B3digo%20Civil%20-%20Miguel%20Reale.pdf>. Acesso em 27.nov.2022.

RODRIGUES, Silvio. **Direito civil: responsabilidade civil**. v. 4. 19 ed. São Paulo: Saraiva, 2002.

SÃO PAULO. Tribunal de Justiça de São Paulo. **Apelação 0027158-41.2010.8.26.0564**. Relator: Des. Teixeira Leite; 4ª Câmara de Direito Privado; Publicação em 26/07/2013. Disponível em <https://esaj.tjsp.jus.br/cposg/show.do?processo.codigo=RI001J5SW 0000#?cdDocumento=23>. Acesso em 11.dez.2022.

SILVESTRE, Gilberto Fachetti; SILVA, Alcides Caetano da; SCHEINER, Flávio Britto Azevedo. **O dano social como nova categoria de dano na responsabilidade civil e a destinação da sua indenização**. Disponível em <https://jus.com.br/artigos/40969/o-dano-social-como-nova-categoria-de-dano-na-responsabilidade-civil-e-a-destinacao-da-sua-indenizacao/2>. Acesso em 13.nov.2022.

TARTUCE, Flávio. Reflexões sobre o dano social. **Revista Âmbito Jurídico**. 2008. Disponível em: < https://ambitojuridico.com.br/cadernos/direito-civil/reflexoes-sobre-o-dano-social/ > Acesso em: 20.nov.2022.

_____. **Manual de direito do consumidor: direito material e processual**. 7 ed. rev., atual. e ampl. Rio de Janeiro: Forense; São Paulo: Método, 2018. E-book.

_____. **Manual de direito civil: volume único**. 10 ed. Rio de Janeiro: Forense; São Paulo: Método, 2020. E-book.

TEPEDINDO, Gustavo. A evolução da responsabilidade civil no direito brasileiro e suas controvérsias na atividade estatal. In: **Temas de direito civil**. Rio de Janeiro: Renovar, 2004.

VINEY, Geneviève. As tendências atuais do direito da responsabilidade civil. In: TEPETINO, Gustavo (Org.). **Direito civil contemporâneo: novos problemas à luz da legalidade constitucional**. São Paulo: Atlas, 2008.

FISBERG, Yuri. O dano social como instituto de aperfeiçoamento do tratamento coletivo da responsabilidade civil. **Revista Jurídica da Escola Superior do Ministério Público de São Paulo**, São Paulo, v. 14, n. 2, p. 137-147, 2018. Disponível em https://es.mpsp.mp.br/revista_esmp/index.php/RJESMPSP/article/view/356. Acesso em 27.nov.2022.

_____. **Dano social: considerações positivas**. 2018. 348 f. Dissertação (Mestrado – Programa de Pós-Graduação em Direito Civil) – Faculdade de Direito, Universidade de São Paulo, 2018.

www.ingramcontent.com/pod-product-compliance
Lightning Source LLC
Chambersburg PA
CBHW071140220526
45467CB00015B/1635